VOCES
ÚNICO HUESO IMPOSIBLE DE QUEMAR

Ojo de Pez, 112

Rafael Falcón / Ágata Navalón

VOCES
ÚNICO HUESO
IMPOSIBLE DE QUEMAR

BIBLIOTECA DE AUTORES MANCHEGOS
DIPUTACION DE CIUDAD REAL

Primera edición: 2024

© Rafael Falcón Lahera
© Natividad Lara Cepeda
© Diputación Provincial de Ciudad Real

Edita: Servicio de Cultura. Diputación Provincial
Biblioteca de Autores Manchegos
Plaza de la Constitución, 1
13001 Ciudad Real
Tel.: 926 29 25 75
Web: www.dipucr.es

Diseño gráfico de colección: Miguel López Vázquez/BAM
Imagen de portada: Jesús Gabladón

Coordinación editorial: Jesús Reviejo
Colección Literaria *Ojo de Pez*, número 112

Impresión: Gráficas Garrido, S.L.
ISBN: 978-84-7789-412-4
Depósito Legal: CR-531-2024

Impreso en España

VOZ DE CRUCE

La expresión *luz de cruce*, en el lenguaje corriente, se usa para nombrar el momento de alumbrar la vía o el camino, por delante del paso, sin llegar a invadir la visión del otro, de quienes lleguen o vengan en otra dirección. Es entonces una luz estereofónica, que procede de dos focos simultáneos, pero a la vez discreta, contenida en su propia voluntad de crear un espacio de cruce, de encuentro, quizá mínimo pero también acogedor, atento a la trayectoria de quien aparezca en cualquier momento, desde cualquier otro sitio. En realidad, el título de un poemario como *Voces. Único hueso imposible de quemar*, escrito entre Ágata Navalón y Rafael Falcón, apunta a proyectar una luz con esa condición de tanteo en lo oscuro, abierta a lo inseguro, compartida con alguien más incluso desde antes de empezar a iluminar el vacío.

Este *alguien más* atraviesa los textos como un fantasma de dulzura. Y esto a pesar de que, como se pone de manifiesto desde el principio, la escritura poética quiere arraigar en el terreno movedizo de una situación pandémica, de daño y de muerte común, donde lo cotidiano se confunde con una angustia sin rumbo, sin horizonte. La realidad en el límite de lo vital, en su *in between* de tiempo sin tiempo, tal como tomaba cuerpo de dolor y miedo en 2020, se transfigura así en un lugar nuevo, inédito en su más cruda deuda con lo real. Se intuye pues como un paisaje de espectros que no hubiera nunca pisado nadie. En este sentido, cada movimiento o desplazamiento, cada poema, lejos de entenderse como un cántico de pérdida, a modo de réquiem o elegía, avanza hacia un nuevo movimiento o desplazamiento, como si cada poema quisiera convertirse en un gesto de búsqueda, de cruce con un afuera más vivo y más necesario que ninguna otra cosa.

En ese afuera en penumbra, casi nocturno, se escuchan otras voces de testigos posibles e imposibles, de otros cuerpos tan solos como un "cuerpo solo", "ese cuerpo desnudo" desde donde se habla de un modo no del todo comprensible, como tratándose de un código desenterrado, a la intemperie. Son precisamente estas trayectorias cruzadas, estas interferencias del deseo, de una alteridad siempre inevitable, las que impiden que se constituya una Voz única, compacta, autosuficiente. Más bien la lectura sigue el rastro improbable de "historias de fantasmas", la huella perturbadora de "espectros que muerden la mano" porque su rabia es la rabia del querer-vivir. Susurros que no se dejan identificar, palabras que se murmuran entre sí su propio silencio para poder al menos ser oídas por ellas mismas. *Voces* designa así un lugar de enunciación que (se) dice preguntándose "qué hay que decir", que no consigue expresar nada si no es "tan callando". Al final, por qué no, puede que sea un lugar inexplicable. De hecho, la urgencia de las explicaciones es reemplazada densa y calladamente por una tensa concepción compositiva, es decir, por una noción de montaje que invita a la distancia crítica que traspasa el contexto concreto.

La resonancia del dolor cruzado, de la enfermedad en el aire, se respira en fin en una dimensión de soledad que abre el sentido de los textos a esa proximidad o inminencia de quien no está, o está pero en una (ex)posición que lo vuelve inalcanzable. Un verso entrevisto señala el pulso de "soledades a dos metros y nosotras solas", sin ir más lejos. Pero la soledad, más que una referencia literal entre otras, va calando en la lectura, infiltrándose en la dermis de las frases como un tatuaje dibujado con la tinta del silencio, la elipsis, la expropiación, el insomnio... Por momentos es como si, tal como anota Pascal Quignard en *Sobre la idea de una comunidad de solitarios,* "uno desea solo, uno sueña solo, uno nace solo, uno muere solo"... Sí, es ese filo de soledad lo que atraviesa lo invisible como un cuchillo. A la vez, y aunque parezca paradójico, es esa soledad la que actúa de fondo como una energía de transfiguración utópica, lírica y creativa.

En otras palabras, la soledad trabaja aquí a favor del cuidado, del temblor donde se resguarda la necesidad de los demás, de un mundo herido donde cada voz aprende a escuchar y cuidar de la(s) otra(s). No resulta ser de poco valor este arrojo en la escritura, esta escritura que se lanza al vacío solamente apoyada en la confianza de que alguien ahí, de que alguien más reciba su mensaje de naufragio con los brazos abiertos. Ese alguien más, de nuevo, es en última y primera instancia quien lee este libro, quien se asoma a estas *Voces* como a un pozo de vida secretamente negada. En ese fondo sin fondo, cuando nadie lo espera, "alguien llama a alguien", algo renace o brota en una tierra que se diría sola, desértica, pero desde donde aún late la obligación poética de "esperar una palabra, la tuya, la de los otros".

Rafael Falcón y Ágata Navalón tejen y destejen, se dejan destejer y tejer por la certeza de que el otro nos constituye, nos cruza y nos indica la ruta más imprevista, la inevitable. A la vez, esa otredad también nos destituye de nuestra supuesta soberanía o autonomía como sujetos que disimulan su aislamiento en un claustro de muros transparentes, de pantallas espejeantes. Cada poema, cada línea o giro o pausa, deja así tras de sí el reclamo de seguir "siempre alerta", siempre disponibles, en la estela de esa zona magnética convocada por F. Kafka en sus *Diarios*: "esa zona fronteriza entre la soledad y la comunidad", escribe Kafka, entre todo y nada, donde las voces se presienten a sí mismas como un cruce de caminos tras el cual, y por suerte, nada podrá volver a ser igual.

Antonio Méndez Rubio

Apuntes para un diálogo poético
entre canales

"Me la enseñaron... Una niña... 'Natasha —la llamé—. Tu papá te llamó Natasha'. Por su aspecto, parecía un bebé sano. Con sus bracitos, sus piernas... Pero tenía cirrosis de hígado... En su hígado había veintiocho roentgen... Y una lesión congénita del corazón... A las cuatro horas me dijeron que la niña había muerto... ¡Y otra vez, que no se la vamos a dar! ¡¿Cómo que no me la vais a dar?! ¡Soy yo quien no os la da a vosotros! La queréis para vuestra ciencia, pues yo odio vuestra ciencia. ¡La odio! Vuestra ciencia se lo ha llevado a él y ahora aún quiere... ¡No os la daré! La enterraré yo misma... Junto a su padre... (Calla.)

No hay manera de que me salga lo que quiero decir... No con estas palabras... Después del ataque al corazón no puedo gritar. Tampoco me dejan llorar. Por eso no me salen las palabras... Pero le diré... Aún no lo sabe nadie... Cuando no les di mi hija... Nuestra hija... Entonces me trajeron una cajita de madera: 'Allí está'. Lo comprobé... La envolvieron en pañales... Toda ella envuelta... Y entonces me puse a llorar y les dije: 'Colóquenla a los pies de mi marido Y díganle que es nuestra Natasha'.

Allí en la tumba no está escrito: Natasha Ignatenko... Solo está el nombre de él. Ella no tuvo ni nombre, no tuvo nada. Solo el alma. Y es allí en donde enterré el alma».

SVETLANA ALEKSIÉVICH, *Voces de Chernóbil* (1997)

reparto:

voz una: ÁGATA NAVALÓN

voz dos: RAFAEL FALCÓN LAHERA

otras voces:

DAVID GARCÍA CASILLAS (homo homini lupus)

PEPE SÁNCHEZ PATÓN (homo homini lupus)

MARÍA MERCEDES FERNÁNDEZ CARRETÓN (madera del mismo árbol)

RAFAEL ANTONIO GONZÁLEZ JIMÉNEZ (madera del mismo árbol)

MARISA NAVAS ROMERO (madera del mismo árbol)

GEMA LÓPEZ VILLANUEVA TRUJILLO (madera del mismo árbol)

MANUEL DE LA CALLE (memento mori)

JESÚS DÍAZ-CANO DEL REY (un fémur fracturado y sanado)

DOLORES LUCENDO PINÓS (lo que puede un silencio)

ÁNGEL ALMANSA (lo que puede un silencio)

TOÑI ORDÓÑEZ (y nadie existe en soledad)

ÁNGEL ALMANSA (en el lugar del adiós)

ÁNGEL MORENO (en el lugar del adiós)

ARMANDO SERRANO LÓPEZ (deseo de ser piel roja)

JOSÉ ANTONIO SERRANO CAÑAS (deseo de ser piel roja)

CONCEPCIÓN PÉREZ (para saber que sigo vivo)

INMACULADA CANO (para saber que sigo vivo)

LUISA ORDÓÑEZ ARTEAGA (para saber que sigo vivo)

VICENTA LOMAS LOMAS (para saber que sigo vivo)

MARCELINA HERNÁN LOMAS (para saber que sigo vivo)

JUANI ORDÓÑEZ ABELLÁN (para saber que sigo vivo)

AMPARO CEJUDO LOZANO (para saber que sigo vivo)

ENEL VILSAINT (para saber que sigo vivo)

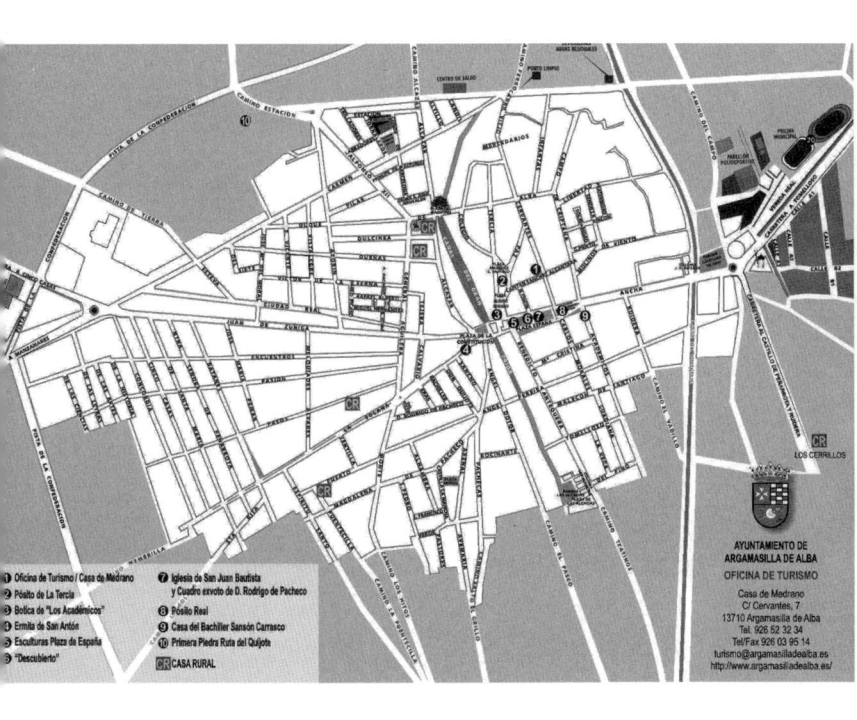

1 Oficina de Turismo / Casa de Medrano
2 Pósito de La Tercia
3 Botica de "Los Académicos"
4 Ermita de San Antón
5 Esculturas Plaza de España
6 "Descubierto"

7 Iglesia de San Juan Bautista
   y Cuadro exvoto de D. Rodrigo de Pacheco
8 Pósito Real
9 Casa del Bachiller Sansón Carrasco
10 Primera Piedra Ruta del Quijote

CR CASA RURAL

AYUNTAMIENTO DE
ARGAMASILLA DE ALBA

OFICINA DE TURISMO

Casa de Medrano
C/ Cervantes, 7
13710 Argamasilla de Alba
Tel. 926 52 32 34
Tel/Fax 926 03 95 14
turismo@argamasilladealba.es
http://www.argamasilladealba.es/

Partiendo de una noticia publicada el 2 de agosto del 2020 en *La Tribuna de Ciudad Real,* basada en informes realizados por forenses, fueron casi 2.000 personas las fallecidas por Covid-19 en la provincia en los primeros seis meses del año 2020. Se especificaba, además, que el Tribunal Superior de Justicia de Castilla-La Mancha, en su análisis del partido judicial, especificó que en el territorio en el que están las poblaciones de Argamasilla de Alba, Ruidera, Socuéllamos y Tomelloso, la cifra de fallecidos fue de 301 (158 por Covid y 143 por causa sospechosa de Covid) en un entorno de 55.400 habitantes, es decir, una media de un fallecido por cada 184 vecinos.

réquiem
primer diálogo

"No, no estaba bajo un ajeno firmamento,
ni bajo el amparo de unas ajenas alas,
estaba entonces con mi pueblo,
allí donde mi pueblo, por desgracia, estaba".

"En los terribles años de Yezhov hice fila durante diecisiete meses delante de las cárceles de Leningrado. Una vez alguien me 'reconoció'. Entonces una mujer que estaba detrás de mí, con el frío azul en sus labios y que, evidentemente, nunca había oído mi nombre, despertó del desasosiego habitual en todas nosotras y me preguntó al oído (allí todas hablábamos entre susurros):

—¿Y usted puede describir esto?

Y yo dije:

—Puedo.

Entonces algo similar a una sonrisa se asomó en lo que una vez había sido su rostro".

Anna Ajmátova, *Réquiem* (1961)

réquiem
primer diálogo
VOZ UNA: ÁGATA NAVALÓN
VOZ DOS: RAFAEL FALCÓN

voz una

Hubo intentos entre las baldosas levantadas de la
                                                    [acera,
un camino recto, una línea dibujando paralelogramos
con voces en cuerdas vibrando entre los dedos
                                    [arrugados de los rezos,
palabras arañando el suelo y agarradas a los árboles,
contempladas por sus mujeres visitando muertos,
                            [alimentando vivos.

No levantes la barbilla, eso es contraproducente. Lo
                                                    [apunto
en el calendario. Todos lo hacían
buceando entre números de asfalto brillante.
Quedó el campo y la carretera secundaria.
Y se separó la noche que pidió el código con una
                                                [clave larga.
No se había guardado. No se recordaba.

Los intentos se podían leer en la pantalla, pero
el reponedor de baldosas no supo nivelar las aceras
y los niños no pudieron jugar a la rayuela.

Little black dress es un viejo código
que se convierte en la llave
para sobrevolar las cabezas sin cerradura.
Debes entregar una huella.
Eso se pensó,
y los mártires involuntarios,
desconocedores de su herencia,
aparecieron en el paseo.

voz dos

Presupones la escucha, por eso escribes,
aunque se trate tan solo del extraño que habita en ti.
Un modo de no estar solo como otro cualquiera.
Bien podría gritar hacia afuera, como un lobo
llora-aúlla en un alto lejano. Pero no,
sabemos que estas palabras alimentan el silencio
que crece y devora todo a su paso.
La nada creciendo en los márgenes se incrusta
en el centro-núcleo del movimiento que somos.

¿Dónde están los héroes? ¿Quiénes son?
A nadie le importa una baldosa más o menos,
ni piensa que estas calles largas y anchas
quedarán sepultadas bajo otro empeño.
Un rosario. Un poema. Un grito.
Tal vez quien escribe no sabe dar un abrazo
y se sujeta al vivir examinando la disimetría
en las llagas de las baldosas.
Hemos cruzado de nuevo el umbral
y las calles se han llenado de náufragos errantes,
cuerpos que no dejan de silbar,
barbilla en alto, celebrando el olvido.
Hace falta la energía de muchos cuerpos
para construir el vacío, pero cuidado,
el vacío es altamente inestable.
Bajo nuestros pies de náufragos
se despereza el monstruo.
Habrá que preguntar a los árboles
y a la superficie arañada de las paredes
qué hay que decir.

La memoria derramada de las cosas.
La memoria derramada en las cosas.
Ajmátova nos invitó a señalar la grieta:
puede que sea una tarea inútil
en este vórtice de tiempo.

Puede.

homo homini lupus
segundo diálogo

homo homini lupus
segundo diálogo
ENCUENTRO CON DAVID GARCÍA CASILLAS (GERENTE)
Y PEPE SÁNCHEZ PATÓN.
FLORENTINO GARCÍA Y ASOCIADOS (FUNERARIA)

"Pienso que si los muertos hubieran sido niños, nos habríamos matado los unos a los otros. No hubiéramos aceptado, por ejemplo, que nadie se relajase con la mascarilla".

"La ropa la teníamos que lavar tanto que se estropeaba. Recuerdo llegar a mi casa y quitarme la ropa. Me desnudaba en el patio y me duchaba en un baño que tengo al lado de la cocinilla, fuera de la vivienda familiar. Le decía a Angelines, mi mujer, 'mira, que no se entere el niño que estoy aquí'. Porque el niño me quería ver y yo no quería que el niño llorara. Un día mi hijo vino a darme un abrazo y lo sujeté: 'no, no te acerques', y luego me tumbé en el sofá a llorar y llorar, y el niño no quiso durante días darme ni besos, ni abrazos. En mi cabeza sonaba lo que le había dicho: 'no, no, no te arrimes a mí'.

"Ponían servicio de covid a todo, pero no se sabía, no había tiempo para hacer pruebas, no teníamos aparatos. Me decían, 'si no hay para los vivos, cómo nos ponemos con los fallecidos'. Fue muy dramático, nos hicimos en un mes los servicios que se hacen en un año, la realidad fue esa. Muchas personas se fueron. Nosotros llorábamos, los médicos lloraban, no estábamos acostumbrados, colapsó todo el hospital, las residencias, los médicos, los enfermeros... Un día y otro, una noche y otra. Sin parar".

"Hubo varios días en los que pensé que era el fin del mundo. Pero no es que llorara, es que aún lloro. Yo fui quien trataba con todas las familias. La gente me llamaba y me decía: 'yo tengo que ver a mi madre, que no la he visto, que no me la dejaron ver en el hospital', y yo le tenía que decir, no, no puedes verla, me lo tienen prohibido; y tenía que convencer a la persona que me llamaba de una cosa que ni la entiendo yo. Esto es de las experiencias más difíciles con las que te puedes encontrar en la vida, tener que transmitir algo que ni tú mismo entiendes, que escapa a la lógica). Pero esto no sucedió ni una, ni dos, sino cada cuarto de hora. Había días que había que dejarlo para el día siguiente porque ni el cementerio llegaba a tiempo, ni nosotros".

homo homini lupus
segundo diálogo
VOZ UNA: ÁGATA NAVALÓN
VOZ DOS: RAFAEL FALCÓN

voz una

El poeta se planta en el suelo.
Ha llegado con el agua de los canales subterráneos:
agua con lejía, sudor, sal y espectros que muerden
[la mano.

Querían drenar la palabra con la capa de gravilla,
no había necesidad de instrucciones de salvación,
pero los versos salen por el sumidero,
y el hombre, envuelto en el recorrido de las líneas de
[sus palmas abiertas,
no lo ve.
Y empuja.

Su padre le sopla en la nuca.
Su abuelo le sopla en la nuca.
Y empuja.
Levanta sus pies y los de los otros.
No llega a tocar las baldosas en la llanura, levantadas.

Las palabras vociferadas dificultan las acciones básicas
[para la supervivencia
debido a los reiterados actos heredados sin literatura:

levantarse, marcharse, ducharse, acostarse…
    levantarse, marcharse, ducharse, acostarse…
        levantarse, marcharse, ducharse, acostarse…
            levantarse, marcharse, ducharse, acostarse.

Hay
un niño que espera,
un poeta que escapa de la muerte, levantando la
[alcantarilla con los sonidos
arrancados de las bocas de los desagües,

palabras expectoradas con las flemas de cloacas,

un hombre callado, mirando los azulejos blancos en
[los que rebota la perturbación
de un poema.

Líquido simétrico a la imagen de un cuerpo desnudo.
Un cuerpo antes acariciado, lento,
un cuerpo, ahora frente al reflejo de los labios-azulejos
[cerámicos metalizados.

Solo.
Un cuerpo solo.

vos dos

Así que era eso,
traes la imagen de ese cuerpo desnudo
y quien escribe comienza a comprender
el sentido de su escritura

> (sabe que lo que viene son los rostros de quie-
> nes no nos despedimos, aullidos que rebotan y
> regresan en horas muertas, historias de fantasmas)

Pero no cualquier cuerpo, sino el de aquel
que sabe que el fin del mundo ha llegado,
atraviesa el corral y se entrega al agua,
que arrastra lágrimas y palabras
que no se harán voz

> (quién podría escuchar eso, el fin del mundo,
> quién podría entenderle)

El niño lo mira siempre desde una distancia
inabordable. También él es un animal herido.
En el ritual de la ducha se sabe
perdido el hombre desnudo.
        Solo allí.

En aluvión le atraviesa el día al ritmo del agua:

> rostros, súplicas, superficies de zinc, muecas
> petrificadas, pasillos llenos de muertos, párpa-
> dos cerrados que se pierden para siempre tras el

sonido de una cremallera, DNI, certificado de
defunción, pulsera.

Dejó de saber cómo ser humano
a no ser en ese movimiento
que le obliga a hacer, hacer, hacer.
Pero ahora no, ahora se deshace en la llaga
que separa la séptima y la octava baldosa,
a la altura de sus ojos, punto ciego generador
de fantasmas: si fuesen niños los muertos.

Si fuesen niños los muertos.

Y se derrama la memoria en la superficie,
material poroso transido de vida.
Hay lugares que contienen lo vivido.

Tan solo eso, un cuerpo desnudo,
aunque no el de cualquiera.
Ni el psicólogo, ni el que escribe,
ni los vecinos, ni su mujer, saben nada
de todo lo depositado en aquella llaga,
ni de todo lo indecible que se fue por el desagüe:

DNI, certificado de defunción, pulsera.

Ahora tal vez sepa
que siempre fue un hombre desnudo,
que la condición natural del hombre
sea
    su
      ser
          desnudo.

madera del mismo árbol
tercer diálogo

madera del mismo árbol
tercer diálogo
Encuentro con María Mercedes Fernández Carretón,
Gemma López Villanueva Trujillo, Marisa Navas Romero
y Rafael González Jiménez.
Farmacia Carretón Jaramillo

> "Fuimos todos entonces madera
> del mismo árbol que nadie,
> nunca, conseguiría talar"
> DAVID ELOY RODRÍGUEZ

"Nos pilló desprovisto de todo, mascarillas, guantes, geles… y cambió todo dentro de la farmacia. Tuvimos que poner un aforo máximo, las distancias mínimas señalizadas en el suelo, las pantallas de metacrilato que lo que hacen es alejarnos del paciente ya que somos una farmacia pequeñita y estamos muy en contacto con ellos. Llegaron, también, las largas colas en la calle con gente para recoger la medicación de toda la familia o para pedir mascarillas o geles, a pesar de que teníamos un cartel que avisaba que no disponíamos de nada… o que nosotros mismos no teníamos ni siquiera mascarillas para atender dentro de la farmacia. Cuando empezó a haber material, este llegó con precios desorbitados, y nos daba vergüenza venderlo a esos precios.

Había personas que recogían los tratamientos de toda su familia y se hacían largas colas en la calle. También hubo quienes dejaron de venir, incluso a día de hoy siguen sin venir. Gente mayor que no hemos vuelto a ver. Vienen sus hijos o familiares. Aunque también sucedía otra cosa que es supercuriosa, nos venía gente de 80 años para recoger el tratamiento de sus hijos. Es decir, venía gente mayor protegiendo a sus hijos. Y nosotros les decíamos que no tenían que venir ellos, sino sus hijos. También acercamos medicación a alguna casa, continúan, y el teléfono sonaba imparablemente. El vecino de arriba incluso un día nos dijo: ¡qué locura de teléfono!, y es que el aparato estaba constantemente sonando. Se llamaba para tratamientos, o del hospital, o pacientes para asegurarse que estaban sus pedidos, o para las peticiones a domicilio…

Alguna gente nos ha 'llorao' aquí mucho, de miedo, de pura tristeza, de la incertidumbre, porque nosotros funcionamos también como terapia o se intenta. Somos una farmacia familiar en un pueblo pequeño. La gente te compra un Paracetamol y también te cuenta lo que hizo el domingo.

Pero como íbamos a toda máquina eso se perdió 'total' en muchas ocasiones. Imagínate colas de una hora y nosotros nos teníamos que dar mucha prisa. De todos modos, a mí se me han borrado muchas cosas o quizás no quiero pensar, no quiero hacer que se me revuelva el alma. Además, por circunstancias personales que tuvimos Gema y yo, prefiero no recordar".

madera del mismo árbol
tercer diálogo
VOZ UNA: ÁGATA NAVALÓN
VOZ DOS: RAFAEL FALCÓN

voz una

Mi madre, sola, eso pensaba.
Mi madre sola y las hierbas
creciendo entre las ranuras del pavimento urbano.
Estaba el dorado de la luz
atravesando la ventana y cayendo sobre las ranuras,
también sobre mi madre y sus manos abiertas en el
[alféizar.

Mi madre, sola, eso pensaba.
Mi madre sola
y un cordón
y una ronda
y luego el camino con los árboles.
Moreras solas silenciosas.
Mi madre recordando
los gusanos de seda en las cajas de cartón de zapatos,
con tapas agujereadas con la aguja
de crochet
para hilo
número 5.

Mi madre, sola, sin hombre, eso pensaba.
Mi madre sola y él, allí lejos,
él solo mirando hacia arriba
el techo registrable en una habitación –bloque quirúrgico.
De modo recíproco, ambos alineando un deseo que
[empujara al aire.
Aire y arena fumigados el domingo por la mañana.
No había misa y el aire atravesaba la cúpula de la
[memoria.

Salmos recitados con lentitud infinita clavada,
en los tímpanos de la niñez y de la adolescencia,
de paseos entre las fuentes.

Mi madre, sola, sin hombre.
Yo sola, sin hombre.
Ella embarazada,
sin hombre,
en las tardes de farmacia colocando estanterías,
sin miedo, sin estar sola, ella no.
Ella, el feto, el depósito, los medicamentos alineados.
Una nota con chinchetas clavada en la pared:
no darlos todos
no proveer a los hambrientos más de una unidad.

Estábamos
conteniendo la furia y el tiempo
bajo las chapas de policarbonato.
Las limpiábamos con fuerza con los paños desinfectantes.

Mi madre, sola, eso pensaba.
Y las prolongaciones unidas en hilera.
Soledades a dos metros y nosotras solas,
codo con codo,
mirándonos solas tras un mostrador,
solas,
gusanos encerrados alimentados
de llamadas,
de teléfono y datos y noticiarios,
secretando.

A veces escuchar la carretera,
ondas sonoras friccionándose en nuestras cabezas,
mantenidas en el tiempo de antes.

Antes de esto,
antes, cuando los coches atascaban la carretera que
[cruje este pueblo.
Antes.

Mi madre, sola, pensaba, dando.
Mi padre, solo, pensaba, dando.
Ella embarazada, sola, dando.
Nosotras, solas, dando.
Solas.
Dimos lo que pudimos
porque no había aire.

Lo entendéis, el aire no llevaba vida.
El aire, solo,
el aire solo,
el aire solo expulsaba lo que no llorábamos.

voz dos

Las viseras de diadema
ocultan el aleteo de la mariposa
y su poder devastador:
la ficción de la certidumbre
quedó suspendida por un tiempo.
Todos ocupan los lugares
que les fueron asignados,
aunque ninguno sabe
si son urdimbre o trama.
En el sálvese quien pueda
quedaron intactos algunos mundos
donde depositar la tristeza,
farmacias de guardia de
una sociedad de náufragos.
Como desde el interior de un túnel
de lavado, las miradas de los que resisten
por todos se debaten entre la incredulidad
y el miedo. Los tractores y la tropa uniformada
disparan sus mangueras a presión.
Aforo máximo, distancia mínima,
sistema de regulación de precios.
No hay existencias.
Las neuronas espejo dejan de ser
operativas tras una pantalla de metacrilato.
El mundo yoyea.
Mascarillas, guantes, alcohol.
Las máquinas de coser y
las impresoras 3D corren al auxilio del nosotros.
Pneumonía bilateral, comunicación disfuncional
y olvido crónico: ese es el diagnóstico.

Solo las palabras hechas voces
podrán remover la memoria
de los resistentes
para corregir la poda neuronal.

voracidad
cuarto diálogo

"Pues durante la pandemia nos ha hecho más egoístas, pues si hay diez mascarillas dámelas y el que venga después que se las busque... pues si me hace falta tres, pues dame a mi los tres, se ha visto mucho bueno por parte de las personas..., pero también se ha visto... mucho egoísmo... al principio todo el mundo se llevaba toda la medicación, no vaya a ser que no haya mañana...

Al principio se llevaban toda la medicación de la tarjeta, nos dice Rafa. Me decían, '¡no sea que luego no haya o que me falte la pastilla de la tensión!'. Y nosotros teníamos, entonces, que controlar esas compras impulsivas, abusivas. A vista del negocio hubiera sido perfecto, pero se trataba que hubiera medicación para todos, no para el primero que llegara".

voracidad
cuarto diálogo
VOZ UNA: ÁGATA NAVALÓN
VOZ DOS: RAFAEL FALCÓN

voz una

Devorar un ojo, 222, no un solo ojo, otros 222.
Cerrar los ojos, agarrarse al estómago,
convertirse en inicio, feto, subsistir con un ojo ajeno
y saber que no va a ser suficiente.

Visionar una horcajada de hambruna,
vomitar bilis antes de hacerlo,
devorar el resto del cuerpo, el cabello (incluido el que
                                        [no ha crecido),
como labios el hueco del estómago,
recortada la membrana con los propios dedos,
vomitar untando los nombres,
recordar las ciudades con sus nombres y tener fe en
                                        [las guerras,
mirar las fotografías abrillantarlas con el sebo del
                                        [caballo y
el ajo del huerto machacado en el almerique,
protegerlas, protegerlas.

Regresar al ojo, mirarlo ya dentro
y recordar 2.155 milímetros de piel
no propia. Imaginarla.
No es propia. Escribirla.
No es propia.
Y subir a recorrer un canal para buscar más cuerpos entre
los restos de plásticos,
los pesticidas,
el agua,
porque los hijos lloran apoyando sus cabezas sobre los
                                        [vientres hinchados.

Nadar sobre el canal.
Introducirse en el agujero,
llegar a los solares con pozos y helechos de cuerpos
[de gallineros,
y no querer que se hinchen los estómagos de los niños.

Los niños siempre duelen.
El amor duele al talar los helechos.
Lo ocupan.
El ojo duele.
El conocerse vivo en el centro del gallinero duele.

Son los gallos amenazantes,
es el abuelo rubio trenzando dentro del gallinero,
es el agua,
es el ojo,
el génesis a través de un ojo.

Nunca los lenguajes binarios plagaron tantos cuerpos.
Devorar, no dormir.
Devorar, no dormir.
Devorar, no dormir.
Tener el aullido de los amantes en la cabeza, no dormir.
Oír a los viejos ahogándose, no dormir.
Apilar ojos, no dormir.

voz dos

Sobre todo no dormir.
No es compatible la voracidad y el sueño.

Los hombres sapos no aman más que
lo que coleccionan
y no coleccionan más que lo susceptible de
ser devorado por otro.

Hacer acopio y almacenaje
antes del necesario proceso de sellado
hasta el encapsulamiento.

Las cosas.
Todas las cosas:
las conservadas, las heredadas, las encontradas, las
fabricadas, las compradas, las prestadas, las robadas.
Varias bolsas de cuchillas de afeitar, fármacos, papel...
Cosas. Véase aquí una enumeración en serie.

Sin dispositivos de elección,
comenzaron a tatuarse las cosas
para no perderlas.
Tatuaje, escritura y memoria.
La voracidad siempre necesita de un territorio.
El estómago, por ejemplo,
que no solo es saco,
también segrega un jugo ácido
que todo devora.
Suspicaces, los hombres sapos

comenzaron a desconfiar de sí mismos
y terminaron por autoingerirse.

CANÍBALES.

memento mori
quinto diálogo

memento mori
cuarto diálogo
Encuentro con Manuel de la Calle
(conserje del Cementerio de Argamasilla de Alba)

"Mi madre sabía la oración —nos sigue contando— y, según ella, tengo gracia. Muchas veces veo cosas que van a pasar. Y pasan. Mi madre era igual, veía lo que otros no veían. Una vez estaba en su tienda, se paró en seco frente a los clientes y dijo en voz alta: 'mi hombre se ha caído y se ha roto una pierna'. Y así fue. Mi padre acababa de tener un accidente en la estación de tren con su carromoto".

"Éramos dos en el vientre de mi madre. Cuando yo salí, la comadrona se fue. Mi madre, sudando conmigo en sus brazos, le dijo: '¿dónde vas Carmen?'. La mujer se volvió, 'me voy a mi casa, que ya está bien'. Pero mi madre sabía que venía otro. Se lo gritó. Pero ya se había ido. Así que mi hermano nació muerto, asfixiado".

"Pues sí, aquí lo hemos pasado fatal, aquí hemos pasado unos meses de males, porque cada media hora teníamos un muerto en la puerta, y luego los familiares que no podías tampoco atenderlos. Morían, por ejemplo, a las nueve de la mañana y a las doce ya estaban enterrados. Ni podían despedirse de ellos, ni verlos, ni nada. Los sacaban de allí y los traían a la puerta".

"Incluso ha habido dos matrimonios enteros. La primera semana el primero, con una diferencia de tres días. Estaban en la residencia. Y eso es muy duro para las familias. Para nosotros igual, porque cada media hora un muerto en la puerta. Los albañiles, yo, todo el mundo, trabajando sin parar, y con mucho miedo también, por los demás, porque sí, es cierto que nos decía la funeraria que venían desinfectados y todo eso, pero es que no sabemos, es que aún no sabemos. Mi hija y mis nietos vivían conmigo. En marzo tuvimos 24 muertos, en abril 22, en mayo ya 9, y es que este año hemos tenido 115 muertos, cuando la media es 70, pero este año 115, más los que se han incinerado, porque hay muchas incineraciones y los reparte por ahí la gente, no nos los traen al cementerio. Una vez llegué y había cinco en la puerta.

Y venga corriendo con cuerdas de aquí para allá. Eso es un sufrimiento. Además, el equipo (EPI) vino después, pero a lo primero sin equipo ninguno".

memento mori
quinto diálogo
VOZ DOS: Rafael Falcón
VOZ UNA: Ágata Navalón

voz dos

"Se paró el tiempo. Pasa la muerte. Va mutilada"
Natividad Cepeda

Y siempre a las afueras. Todo parece arrastrado a las afueras.

El camino al cementerio desde el pueblo —allí por donde pasa la muerte, aún no mutilada, para no regresar— solo es ancho y recto en el trayecto de ida. El hombre demediado escucha el ruido de los motores de los coches fúnebres, pero quiere silencio, necesita el silencio. Los ataúdes se multiplican a la entrada. Los vehículos van y vienen levantando polvo a su paso. Detrás, en el interior de sus armazones metálicos, tan callando, cuerpos aún calientes en sudarios herméticamente cerrados dentro de féretros de cerezo, nogal, caoba, que serán carcomidos por el tiempo, que todo lo puede. No tuvieron ocasión de despedirse. A las afueras el cementerio. A las afueras la muerte. Y que no regrese, no nos tambalee. Si algo pudiera contener la suficiente fuerza como para sacudirnos, construyamos un silencio ancho para depositarlo o hagámosle un hueco a las afueras.

El hombre demediado, el camposantero, no tiene miedo a la muerte. La conoce desde siempre. Tal vez mire ahora los féretros, que esperan su turno, y no pueda evitar imaginar los cuerpos y sus rostros (los conoce a casi todos) aún con vida, diciendo sus últimas palabras, siendo acariciados por última vez. Ve cosas. Siempre pudo hacerlo. Nació con gracia el camposantero. Como su madre. Como le hubiera sucedido a su hermano gemelo si hubiera nacido con vida. Pero nació muerto. Por eso él es la mitad de algo que solo le pertenece como ausencia. El camposantero nació demediado. Pero todo está escrito, como también lo estaba que su hermano se asfixiara. La madre sabía que encerraba dentro dos almas acuosas y gritó hasta desgarrarse cuando vio que la matrona la abandonaba en la alcoba con un hijo sobre su pecho y otro en las entrañas. '¡que viene otro!', repetía la mujer con gracia. pero la matrona, maldita desde entonces, ya no estaba para sacarlo. Tenía que nacer muerta una de las almas, tenía que suceder el olvido, la culpa, el silencio, la grieta, porque todo está escrito. Su mitad no nacida es un susurro que le recuerda siempre que todo está escrito. Por eso, aunque esté escrito el fin del mundo, no tiene miedo. Lo sabe él. Lo sabía su madre, que está enterrada en este mismo cementerio, que no descansa desde hace semanas. Lo que es de la tierra debe volver a la tierra. La mujer, que parió un hijo muerto, se fue como una virgen, iluminada, nada te turbe, Dios no se muda. Sabía lo que venía, porque todo está escrito. Y sonrió. Su madre.

Lo que es arrastrado y arrumbado a las afueras, fantasmas en la noche, encuentra siempre senderos de regreso, no importa si a lomos de un ladrido de perro, de la lluvia dibujada en los tejados, de un vértigo de niebla, de algún cuerpo deshabitado. Sabe también eso el camposantero, como piensa que es ficción la frontera entre lo muerto y lo vivo. Mira a lo lejos el pueblo antes de dar el último paseo por el cementerio, antes de regresar al mundo de los vivos, encerrados todos entre cuatro paredes. Sabe que no habrá mañana para muchos y que regresarán los coches levantando polvo. Ha rescatado una Santa Gema de uno de los cubos de basura. Antes de cerrar la oficina le quitará el polvo y le encontrará un sitio en el altar, que crece sin demasiada armonía entre santos y cirios, iluminado a esta hora por los últimos rayos de sol, que se cuelan por entre las lamas de madera de las persianas.

Él sabe, siempre lo supo, que no hay nada que hacer, que todo lo que se arrastra a las afueras encuentra el camino de regreso y que alguien le espera del otro lado desde que nació. Siempre se supo un hombre demediado.

Pasan cosas, dice el camposantero. Aquí pasan cosas.

Y siempre a las afueras.

voz una

Tocó ligeramente la yema de los dedos del otro.
Había agua bajo un armazón de piel y grito.
Dentro.   Fuera.
La mujer aguantaba almas acuosas.

Testigos terrestres, un ojo en el agujero,
un puño, un muro terroso, poroso, llorando.
Y él solo quería agarrar la mano en mitad de la
                                [demolición,
adentrarse en un relieve sin palabras entre pliegues
                                [de ondas.
La consumación amniótica no sucedió.

Arrancado de su mitad, respiró aire limpio de pueblo
                                [horizontal.

voz una

A las afueras quedan las mujeres de rojo,
gordas,sentadas en el canal en torno al hombre viejo,
con su grieta abierta que es un río encerrado entre
[piedras calizas,
ellas son tierra arcillosa que aguanta el líquido,
el líquido de los otros.

A las afueras queda el edificio abandonado y el ferrocarril
[con sus vías robadas y un cambio de rasante
que impide ver con claridad quién queda, porque
[parece que nadie queda,
dudas entre el horizonte, el perfil de la casa y el ruido
[de la carretera que antes no llegaba.

A las afueras quedan las ciclistas,
arropadas por un carmín rebelde, un casco, el chirriar
de las ruedas y los perros y los caballos que estuvieron.

Estuvieron antes a las afueras, los mirabas, eran perros
[y caballos,
dos asnos,
una mula y el caer de cada día ante el número de días
[que cuentas de nuevo,
70 de nuevo
20 de nuevo,
50.

A las afueras queda la cebada seca, el sol,
el paso de los hombres ajenos en silencio por encima
de la cebada,

de las palabras, de los muertos, de los niños con bici-
cleta, de esa mujer que corre y de ellos que se aman
                                    [callados a las afueras.
A las afueras, queda ese silencio de hombre que barre
                                                [la muerte
o de dos cuerpos viejos, mirando una caída de luz.

Las afueras acogen al hombre que llegó primero.
Las afueras abrazan a la mujer que llegó después.
Dicen que llovía y aún llueve si lo vuelven a contar.

A las afueras quedan los huesos.
No separes el hueso, sus huesos.

Los huesos que no deben ser separados, ni los caldos
calientes no reparadores.
No separes el hueso, sus huesos.
No creas en la ceniza del hueso.
A las afueras sabemos que somos un único hueso
                                    [imposible de quemar.

voz dos

A las afueras, los brazos de una higuera
atraviesan las paredes del hotel abandonado
mientras las manos sucias de una niña dibuja
mundos posibles sobre su piel plateada.
El viento sopla dentro de mí,
se dice la niña,
que ya se sabe a las afueras.

En zona catastrófica no declarada, el tejado
necesita de puntales improvisados de madera,
igual que los viejos motores de combustión
demandan la atención de unos cuantos cuerpos
viejos, encorvados al atardecer.

Las raíces devoraron el interior y los gitanos
duermen al abrigo de un bosque vegetal
a las afueras, en los márgenes,
donde el hotel hace borde con lo humano.
Huele a humedad y a piedra en polvo
y a bosque y a historias vividas y olvidadas.
En las noches, cuando calla el agua,
se puede escuchar las voces
de los que no están.
Los hombres duermen siestas
a la sombra de algún pino junto al canal
y lían cigarrillos con tabaco comprado a granel.
Los cubos vendrán de regreso
cargados con el agua que ha corrido desde el pantano.
Las mujeres lavan las ropas que tienden
en cordeles atados de árbol a árbol

a la entrada del viejo complejo turístico.
También hay color a las afueras.
En las madrugadas queman todo
lo que no puede ser reutilizado
o comido por los gatos callejeros
y descansan hasta el amanecer
en colchones raídos, a las afueras,
nacional 310, a 3.500 km de donde viven
desde hace siglos también a las afueras.
Son los otros en el interior de lo mismo, pero
en el ángulo muerto de nuestro foco perceptivo
(bien podría ser esto un tratado de impostura):
lo que queda a las afueras está adentro;
arrumbado, pero dentro; diluido, pero dentro;
apenas visible, pero dentro;
abriendo en el interior del dentro
una falla que fractura
pero no deshace la unidad.
Menos sabremos de sus muertes
que de sus vidas a las afueras.
No habrá registros, imágenes,
memoria, historia.
Mientras sigan llenando cajas de ajos
seguirán siendo invisibles estos nómadas.

A las afueras va creciendo una ola.

Pronto llegará a la orilla y nos arrastrará.

un fémur fracturado y sanado
sexto diálogo

un fémur fracturado y sanado
sexto diálogo
Encuentro con Jesús Díaz-Cacho del Rey
(director de la Residencia de Mayores Virgen de Peñarroya)

"Un estudiante preguntó a la antropóloga estadounidense Margaret Mead cuál consideraba ella que fue el primer signo de civilización en la Humanidad. El alumno y sus compañeros esperaban que Mead hablara del anzuelo, la olla de barro o la piedra de moler. Pero no. Ella dijo que el primer signo de civilización en una cultura antigua fue un fémur que alguien se fracturó y luego apareció sanado.

Mead explicó que en el reino animal, si te rompes una pierna, mueres. Pues no puedes procurarse comida o agua ni huir del peligro, así que eres presa fácil de las bestias que rondan por ahí. Y ningún animal con una extremidad inferior rota sobrevive el tiempo suficiente para que el hueso se suelde por sí solo. De modo que un fémur quebrado y que se curó evidencia que alguien se quedó con quien se lo rompió, y que le vendó e inmovilizó la fractura. Es decir, que lo cuidó".

"Durante la pandemia la mayoría de la gente se volcó y los trabajadores de la residencia fueron un ejemplo. Hicieron un esfuerzo superlativo, ponían en riesgo su salud, porque la gente se contagió, se contagiaba y ellos seguían, no les paralizó el miedo, y luego estaban los familiares que fueron comprensivos, los familiares de los que estábamos aquí, trabajando en este abismo de aire que pensábamos que traía muerte, y también fueron comprensivos los familiares de los residentes, al principio nerviosos pero siempre comprensivos porque nosotros siempre nos comunicábamos con ellos y siempre siempre decíamos la verdad. Esa verdad caleidoscópica para algunos, única para ellos, porque la verdad es que la muerte paseaba por el aire".

"Los residentes estaban aislados, encerrados. Limitamos las zonas, vigilábamos para que se cumpliera el aislamiento, y nadie, ni ellos, ni nosotros, sabíamos nada, solo veíamos que la gente se 'ponía mala', cogía neumonía, se moría".

"Luchamos con los medios que teníamos, que al principio no fueron muchos, trajes de vendimia, por ejemplo, tomábamos medidas según íbamos entendiendo y según nos iban diciendo".

"Estaba sola de día y de noche porque vinieron la cosas así y así había que hacerlo. Estaba sola. Me dejaron sola, perdí amistades, ahora es tan difícil hacer nuevas en la vejez".

un fémur fracturado y sanado
sexto diálogo
VOZ UNA: ÁGATA NAVALÓN
VOZ DOS: RAFAEL FALCÓN

voz una

La mujer se levantaba en la noche y salía al pasillo. Era un acto no consciente de rebeldía no calculada. Nunca llevaba nada, tampoco mascarilla. La iluminación tenue, denominada de emergencia, situada a dos metros exactos sobre el nivel del suelo, favorecía el espectáculo del pase performático. Desnuda, en paralelo a su puerta y los cuadros de láminas florales, paseaba abriendo los brazos en cruz, estirando los dedos de las manos hasta que los dedos corazón tocaban ambas paredes, entonces con las uñas abría surcos lentamente sobre la pared empapelada de azul celeste. En la primera vuelta levantaba el papel, en la segunda el papel se hacía polvo y llegaba el yeso, luego la sangre de las uñas rotas teñía el yeso y convertía el surco de la pared en piel rosada. Eso le gustaba, le recordaba a la ropa interior de una mujer joven a punto de parir, ropa manchada de agua, luego de sangre, luego de vida y muerte. La muerte que es lo que somos, pensaba, la muerte que ella esperaba. Cuando ya no le quedaban uñas se iba a acostar. El olor a lejía la despertaba en las mañanas. El olor a lejía y el roce de los uniformes plásticos de ellas, que no sabía quiénes eran, pero limpiaban, ángeles plásticos de selva o de nieve, un romance de Santa Catalina en los versos finales, cuando la Santa ascendía acompañada. Un día alguien puso la radio y sonó una canción irreconocible para ella. A cada golpe de voz de la cantante sentía los golpes en la búsqueda de una pared distinta, la suya propia, interna. Intuyó un rayo de vida habitando su propio cadáver, un pico sensorial variable y transitorio, según leyó en el ordenador de la biblioteca. Aún retenía esa definición en algún rincón de su cerebro. Quizás era un reminiscencia errónea, un caballito de mar dentro de su cabeza o de la cabeza del libro de Anatomía. Miró las fotos en la estantería y cerró los ojos.

voz dos

Llegas.
Y parece que me esperaba este llegar.
Las cosas ocupando un espacio,
agitándose hacia un primer plano
como reclamando algo,
como destapando ahora un grito
ahogado desde siempre,
recordándome así su condición
de existentes.

Llegas
y todo es este llegar.
Me llaman las cosas,
y en su llamada intuyo la advertencia:
mejor hubiera sido estar muerto.

No callan las cosas, todavía no,
aunque tal vez no ande lejos el silencio.
Aún pueden, desplazan,
hacen temblar las cosas,
tus cosas.
Así que llegas
y ya está hecho el llegar.
Dicen que has muerto
pero no sé qué significa.
Has muerto.
Estás muerta.
Y no sé dónde mirar,
porque todo es este llegar.
Tal vez estas cosas, tus cosas,

ya se sepan residuos,
abandonadas hace demasiado
—¿cuánto tiempo hace que nos llevaron?—
abandonadas en esta sintaxis de tránsito.
Las cosas, tu voz en ellas rebosando,
caja de resonancia de tu cuerpo en movimiento,
tus cosas reclamándome en este llegar,
en este haber estado desde siempre aquí,
llegando.
Y tú estás muerta.
Y no saber dónde mirar.
Y no saber si puedes nombrar
todas estas cosas,
y temer no poder hacerlo,
no recordar los nombres,
y brotar este vértigo de humano,
demasiado humano,
y jugar a recordar los nombres
de estas tus cosas,
y descubrirse sonriendo,
y tu estar muerta,
y mi no saber dónde mirar,
y empezar a nombrar,
no hay otra cosa que hacer,
a no ser pensar en ti como cuerpo
encerrado en un sudario
iniciando su proceso de putrefacción.
Pero eso tampoco sé qué significa.
Porque todo es este llegar.
Así que nombro,
para entender tu estar muerta,
así, en silencio,
y es como escuchar tu voz

monedero con boquilla de metal forrada de lentejuelas tus manos jugando con el cierre dos gomillas de pelo color rosa se retuercen sobre la madera arañada de la mesa tus manos abrazando tu pelo dos botes pintauñas tus manos sumergidas en mi pelo una vieja caja de latón con sobres de colores tus manos vivas escribiendo cartas jaula para dos canarios vacía sin puerta los trapecios se balancean descompasados arritmias tus manos de piel de anfibio almanaque mes de marzo el tiempo se detuvo en un prado de amapolas retocado en photoshop

y no sabes qué hacer con los nombres,
estos nombres,
sus distancias,
el orden secreto de sus vínculos.

Y tú estás muerta.

Saber que la muerte tiene que ver
con este estar de las cosas,
emergiendo desde una gramática ya
para siempre extraña,
con su necesaria intraducibilidad.

No poder nombrar más
que este estar llegando.

Y no saber dónde mirar.

voz una

Hablar con alguien respetando los códigos aprendidos.
Hay tres personas, todos son dioses y a la vez son uno.
En una distancia, que no es media, existe una deidad
                              [casi desaparecida,
un pronombre personal tónico. Su plural es ustedes.

Ustedes aburridos.
Ustedes en la casa.
Ustedes con careta.
Ustedes hartos de comer.
Ustedes y los conocidos.

No hay mucha luz y huele a escuela Montessori,
es por los juegos de azar y las fichas con sus dibujos
                              [e indicadores de coloración,
las hebras de lana se separan con las manos temblorosas.
Es un poco sentirse niño, es un poco sentirse hombre.
Los estudiantes en prácticas lloran con párpados, porque
                              [lloran por fuera.
Les cae por la piel las lágrimas y se le emborrona la vista.
Aún así, ciegos, sonríen y lloran.
Lloran.
Es por las horas perdidas en la escuela,
quisieran haber encontrado este aula antes de los
                              [recreos en gallineros
sin escaleras,
sin abuelos, recitadores de romances, echando maíz
sin geranios o portadas de madera gigantes por las que
                              [colocar a los indios,
sin vecinos de domingo con los que inventar vidas cortas

de tres horas o de cuatro, entre golosinas y zumo de
[naranja,
entre poemas de viejos nunca inventados, siempre
[creándose
en cada boca,
en cada boda,
en cada nueva bola rodante,
en cada cama,
en la noche sin pantallas
antes del sueño,
un romance comenzado con
ustedes:

Ustedes, que no lo saben.
Ustedes, que no se aburran.
Ustedes, que hartos de cena, escuchen.
Ustedes, conocidos y familiares.
Esta, ustedes, escuchen
esta, mi historia.
Una historia.

voz dos

Caja de voces.
Interior.
Tres personas.
Uno dice "azul".
Otro tira un dado.
Otro observa una nube con forma de seta a través del
ventanal y se imagina en el centro, al abrigo.
Aunque querría decir "muerte"
(uno).
A veces un ladrido de perro
(otro).
A veces ninguna respuesta
(el tercero).
Escríbelo, azul, necesito saber qué significa.
Tira el dado y dice 'mueve'.
Lloverá toda la semana.

Los pronombres tónicos
y sus plurales
se pliegan en el interior
de la caja de voces:
forman parte del código-aire.
La respiración solo es pensable
en el interior del código,
como el correteo de los dados
sobre la madera,
como la nube,
como el ladrido de perro.
No hay afuera,
todo es código

y la caja lo contiene.
Contenedor potencial de todos,
la caja también contiene a los que no están.

Los dados siguen rodando sobre la madera,
pero la suerte está echada.
Dios, lo sabemos, no juega a los dados.
Bajo nuestros pies de náufragos
se despereza el monstruo
y el azul es ya un grito.
Alguien, uno, dice azul.

Los nombres dicen solo en el interior del código.

Alguien, digo, debería gritar.
Quién dice 'alguien debería gritar'.
Decirlo es situarse en la frontera,
en un dentro-fuera de la caja
que permita el desplazamiento.

Un grito no es un nombre.

Había un perro y alguien,
otro, olvidó su nombre.

La caja apenas quedó arañada.

y nadie existe en soledad
séptimo diálogo

y nadie existe en soledad
séptimo diálogo
Encuentro con Toñi Ordóñez
(limpiadora de la Residencia de Mayores Virgen de Peñarroya,
ahora en Administración)

"De un día a otro esto fue una bomba que no nos esperábamos. Llevábamos 13 años trabajando y nos cambió la dinámica de trabajo y nuestra vida laboral. Entró 'el bicho' para ellos y para nosotras. La mayoría de la gente se contagió y la mayoría se tuvo que dar de baja. Yo me contagié, aunque seguí trabajando porque no lo supe, me encontré mal pero pensaba que era agotamiento, no el Covid. Nos quedamos sin personal y la poca gente que estábamos, trabajábamos sin descanso. …Cada día, en el camino de mi casa aquí, venía pensando, '¡madre mía!¡a quién le tocará hoy!'… Soy fuerte pero en aquellos momentos creí que nos íbamos a morir todos. Mis hijas me decían: '¡déjalo!', y yo les contestaba: '¡no puedo abandonarlos!'. Las habitaciones había que limpiarlas mucho más, de arriba a abajo. Entrábamos en las habitaciones, a todas, incluida a la zona de positivos, pasabas sabiendo que estaba contagiada la persona que dormía allí y recuerdo que me decían: '¡cógeme la mano, cógeme la mano!', y no podía negárselo. Me decían: '¡acércate, dame un abrazo, tócame!', y sabías que estaba contagiada y que darle la mano era una contradicción, era casi ir en contra de tu vida y la de los tuyos, mi hija y sus bebés en mi casa. Pero tenía que darles la mano, porque me decía: 'podría ser mi madre o mi abuelo', y lo hacía aún sabiendo que estaba tocando a la muerte".

y nadie existe en soledad
séptimo diálogo
voz una: Ágata Navalón
voz dos: Rafael Falcón

voz una

Echarse un rato sobre las palabras que se reconocen
[en femenino plural.
Ella es ellas y el dolor de rezar porque un artilugio saliera
de las mañanas de cinta magnética, sobre las que se
[grababa,
la colonización alienante del lavado de las sábanas.
Era la extensión oxidante sobre la muerte, un modo
[de batalla.
Los ojos fuertemente llorando entre las gafas protectoras
[y la armadura.
Y Dios mientras arriba retorciéndose ante las plegarias
como amante opaco al que no mira la luz.

voz dos

A este lugar que era un jardín de amigos
y ahora es una colmena en destrucción,
a este lugar que se habitaba
desde el rito y la sonrisa,
desde el tacto y la palabra,
desde la mirada y la memoria,
a este lugar vino a instalarse
el miedo para asfixiar a todos.
La imaginación quedó mutilada y
se fueron perdiendo los futuros recuerdos.

¿Quién, que no fuera mujer, sería
capaz, en este tiempo detenido,
de ser un cuerpo que se mueve
bajo el mandato de un nosotros?
Es una danza de mujer este retorcerse
en el infierno, este cuerpo siendo cuerpo,
que no deja de hacer, hacer, hacer.
No conoce el discurso que
encierra su vientre, pero sabe
que es ahí, *en el más profundo centro*,
de donde emana este plural que abraza.
Allí donde la palabra no alcanza,
puede su pura animalidad, pueden sus tripas,
puede este vientre de mujer
que se abre en canal como gritando
'¡acaba ya si quieres, acaba, acaba!'

¿Cómo no abandonar la danza,
cómo resistir este dolor, este dolor,

cómo silenciar esta voz que dice dentro
'¡para, huye, vete, vive!',
que dice 'tú, tú, tú',
que dice 'esta mañana no va a estar y no estar',
cómo no renunciar a este baile
para salvarse si todos caen,
si todos lo harán poco a poco,
si todos caen sin saber lo que pasa?
Pero no se detiene este cuerpo de mujer,
no interrumpe su rebelión este cuerpo
que sabe ser cuerpo, para que este lugar
pueda seguir habitándose desde el plural,
desde la danza del nosotros.

lo que puede un silencio
octavo diálogo

lo que puede un silencio
octavo diálogo
ENCUENTRO CON DOLORES LUCENDO PINÓS
(TRABAJADORA SOCIAL DE LA RESIDENCIA DE MAYORES VIRGEN DE PEÑARROYA)
Y ÁNGEL ALMANSA
(PÁRROCO DE LA IGLESIA DE SAN JUAN BAUTISTA, ARGAMASILLA DE ALBA)

"La primera ola nos afectó y fue traumático. Aún a día de hoy acusamos los efectos, una suerte de stress postraumático, en el que yo me incluyo, porque, por ejemplo, al no poder pasar los familiares a la residencia, el apoyo psicosocial que se prestaba en casos de duelo fue todo telefónico, con situaciones de un elevado grado de angustia, sobre todo cuando se produjeron las muertes. Las semanas finales de marzo y las primeras de abril, las vivimos con mucha angustia… Ningún beneficiario del centro de día se contagió, pero a la residencia sí entró el virus. Nosotros, que trabajábamos aquí, pero volvíamos a casa, convivíamos con el miedo de llevarnos el virus a casa o de traerlo de fuera a dentro. Se convirtió en algo obsesivo-compulsivo. Y llegó la etapa en la que se nos morían y experimentamos esos duelos extraños, porque se iban a la zona del SED (habilitada durante el confinamiento para los positivos) y no los volvíamos a ver... Se sintió miedo… Teníamos un residente que falleció, sin familia, que estaba tutelado por la Fundación Madre. Era una persona muy querida en el pueblo, por los residentes, por nosotros, y… fui yo la que fue a su entierro. Eso es muy triste. Y duele mucho… Yo me emociono. No sé si le conoceréis, Casimiro. En el pueblo era súper conocido. Vino de la Vereda, vivió en la calle, sufrió maltrato… Y, justamente, ahora que tenía una vida digna, que era cuando más feliz estaba, que era aún joven… fue duro, bastante duro…".

"Casimiro es una de esas personas que han sabido poner en valor la capacidad de acogida y tolerancia del pueblo de Argamasilla de Alba. Era un hombre que venía del sufrimiento, se reían de él, le tiraban piedras, incluso sufrió el abandono de su propia familia. Sin embargo, al llegar a Argamasilla, se encontró con un pueblo que sabía ser paciente, que supo escucharle, que sabía mostrarle su afecto, muchas veces con el euro para tomarse un café o una bebida. Era Casimiro un niño grande que buscaba la aprobación. Nos preguntaba: ¿a que soy bueno?, buscando el cariño, el afecto, y se enfadaba profundamente cuando alguien se burlaba de él o le buscaba las cosquillas. Era un hombre también preocupado por su propia muerte. Me decía: 'don Ángel, ¿a que el día que me muera me va a enterrar?, ¿no me dejará ahí, verdad?'; yo le respondía: 'Casimiro, ¿cómo te vamos a dejar en la plaza?, por supuesto que te enterraremos como a todo el mundo y le pediremos a Dios que te tenga allí, en el cielo, junto a los ángeles'".

lo que puede un silencio
octavo diálogo
VOZ UNA: ÁGATA NAVALÓN
VOZ DOS: RAFAEL FALCÓN

voz una

Hay un recuerdo impreciso
vinculante a una localización no ubicada.
Molesto como una uña partida que no crece.

Es un juego de bingo con hilos de calles
no orientadas al sureste
con árboles de hojas perennes
macho, platanera.

La hoja no caída acusó la ausencia
del hombre que no dormía
en su cama,
se arrastró delatando
la respiración que no manchaba el espejo,
único objeto traído de la Vereda
que había en el fondo
del cráter lesionado.

Él,
que sobrevivió al cajón antes de la lava,
mas no a lo no nombrado,
porque no le tocaba, les tocaba.

Ese tacto no apuntado
tacto duro. Empujabas con los dedos y no cedía.
Clavabas las manos frente a la dureza y estaban los
callos impávidos.

Decidieron saltar,
saltaba, saltaban por los tejados,

creía,
creían que es-ca-pa-ba-an,
cuerpos en fuga entre el mármol gris,
la luz en vertical hasta el suelo,
luego quedaron allí sellados,
con la masilla,
impermeable a los llantos de un único asistente.

Ella

llorando

aún

llorando

ahora

llorando

mañana

llorando.

No fui yo a su entierro.
No pude ir a ningún entierro.
No pudimos ir a esos entierros sin duelo
donde la muerte paría.

voz dos

Nana del niño grande

Si esto fuera una nana,
y todos pudiéramos cantarla,
y entonces lo hiciéramos...
Si esto fuera una nana.
La nana de Casimiro.
Y la cantáramos,
y todos supiéramos cantarla.
¡Ay! Si esto fuera una nana.

El niño grande
nos ofreció su risa
y no supimos guardarla.
El niño grande.
Una y otra vez,
una y otra vez,
y no supimos...
pero ella estaba allí,
para cuidarla.

¡Ay! Si esto fuera una nana.
Y todos supiéramos cantarla.

El niño grande desnudo
y con heridas
y no supimos curarlas.
El niño grande
una y otra vez,
una y otra vez,

y no supimos…
pero ella estaba allí
para aliviarlas.

¡Ay! Si esto fuera una nana.
Y todos supiéramos cantarla.

El niño grande
nos ofreció su vida
y no supimos abrazarla.
El niño grande
una y otra vez,
una y otra vez,
y no supimos…
pero ella estaba allí
para contarla.

¡Ay! Si esto fuera una nana.
Y todos supiéramos cantarla.

Andaba por los tejados
el niño grande
y no entendimos su magia.
El niño grande
una y otra vez,
una y otra vez,
y no entendimos…
pero ella estaba allí
para amarla.

La nana del niño grande
que no era de nadie
y a todos huérfano nos dejaba.

deseo de ser piel roja
noveno diálogo

"Si uno pudiera ser un piel roja siempre alerta, cabalgando sobre un caballo veloz, a través del viento, constantemente sacudido por la tierra estremecida hasta arrojar las espuelas, porque no hacen faltas espuelas, hasta arrojar las riendas porque no hacen falta riendas, y apenas viera ante sí que el campo era una pradera rasa, habrían desaparecido las crines y la cabeza del caballo".

FRANZ KAFKA

deseo de ser piel roja
noveno diálogo
ENCUENTRO CON ARMANDO SERRANO LÓPEZ
(ENCARGADO MUNICIPAL DE OBRAS DE ARGAMASILLA DE ALBA)
Y JOSÉ ANTONIO SERRANO CAÑAS
(OFICIAL DE PRIMERA DE OFICIOS DE ARGAMASILLA DE ALBA)

"claro, el pueblo tiene que seguir funcionando, la gente tiene que tener agua, alumbrado, saneamiento, limpiezas… y teníamos un este añadido que era desinfectar el pueblo… yo era de os que decía: 'si tiene que pasar tiene que pasar' y alguien tenía que estar y así nos quedamos el fontanero y yo… (...) miedo no, respeto, me acuerdo que un día me llamó el de la funeraria porque me decían que no daban abasto a enterrar a la gente y me fui un día con ellos ayudarles… era una sensación de desesperación, no sé, era un poco raro… me sentía 'priviliegao' porque yo podía moverme (...) yo también soy muy deportista, me gusta correr, y claro lo que hacía por las mañanas, me venía aquí a trabajar y me iba al campo de fútbol y me pegaba dos horas corriendo, y mientras no me llamaban… y me sentía 'privilegiao' por eso".

deseo de ser piel roja
noveno diálogo
VOZ UNA: ÁGATA NAVALÓN
VOZ DOS: RAFAEL FALCÓN

voz una

A mí también me tocó un pueblo girando, muerto en
                                        [torno a sí mismo,
y ser suelo y el silencio al correr, dibujando círculos.
Uno,
dos,
tres, cinco.
Y no, no tener miedo.

Salvarse del tacto, no tocar y entonces regresar y correr,
correr otro círculo.

Removerse el instinto del deseo contenido.
Un control, otro círculo.
Querer.
Desear tocar y llorar bajo la lluvia de un cura llorando,
                                        [esperando,
y un enterrador llorando,
y una mujer llorando,
y un hombre sin maquillar muerto también llorando,
y a lo lejos quizás alguien amando
dibujando surcos sobre la misma pared en la noche.
Correr otro círculo.

Andar entre estrechamientos pulmonares que ahogan
                        [cualquier finalidad adaptativa
—Dime, qué quieres que compre,
dime, qué quieres que diga,
dime mujer, qué quieres que te haga,
que haga—.

Solo soy
un hombre,
atomizando una vida, la tuya, la mía, esta,
dividiendo en partes muy pequeñas el miedo,
estoy extinguiendo el miedo,
lo tapo y ensucio los cristales con el líquido que supura.

—No cojas el paño para secar esa superficie
segregando muertos con etiquetas y lluvia,
escurriendo tristeza sobre la madera,
construyendo acero.

Y un sacerdote sin expresarlo.
No se expresaba ¿entiendes? eso, el miedo.
Quiero verlo.
Mirarlo y rezar a algo,
a alguien.
Mirarte, entonces, y creer
a pesar,
tocar tu cuerpo de espalda inmenso frente.
En-fren-te-rostro.
De-lado-columna.
Tem-blan-do el encaje y mis dedos.
Es-pe-ran-do el fruncir de los noticiarios.
Ne-gan-do lo que veíamos.
—No, no espero que me digas nada.
—No, no espero que me digas "gracias".
—No, no espero que reconozcas que yo estaba, antes,
¿Lo entiendes? Antes, en silencio, sin fraccionar, estaba,
hubo alguna palabra, las dijiste, sí estaba, sí, eso dijiste,
una vez, una.
Estaba antes que ellos cortaran las calles y te parecieran
[hermosos.

Una vez me dijiste que es cierto que yo estaba antes,
y corría en círculos y estaba.
Quedarse,
quedarse,
quedarse, esperar una palabra, la tuya, la de los otros.
No, no hubo
pero oler la piel aún.
Tu piel.
Aún.
Sí, desear,
aún,
a pesar.
Ser,
aún,
un hombre.

voz dos

Viven todos el sueño de algunos
en sus casas de muñecas,
pero hay quien sabe atarse al mástil
para no sucumbir a las sirenas.

No seré yo quien pronuncie la palabra muerte,
pudiera decir el cuerpo de este animal que corre,
odiseo enmascarado, si no fuera el cuerpo
de un animal voluntariamente despalabrado.
Estando como estamos atravesados por el otro,
uno esperaría su presencia en forma de palabra,
pero quién se atrevería entonces a decir
'cura, sana, culito de rana'.
Un hombre corre
y no lo hace como rezo o plegaria,
sino como brindis a la espera de nada:
mitad huida, mitad caza,
corre y equilibra el drama.
A veces la nada crece alimentada de palabras
así como los arqueros malgastan todas sus flechas.
A veces los poetas pueden no ser suficiente
y hay que volar solo para salvar a la bandada.
Los animales siempre supieron antes de las
sombras que se acercan.
Un hombre corre para no olvidar que
se puede nacer aquí y ahora,
para no olvidar que puede despegar
los pies del suelo y reír, resistir,
que conviene no perder del todo la memoria del mañana.
Una vuelta, luego otra,

expone su cuerpo a la anomalía,
lo que tenga que suceder que suceda.
La piel responde tensándose a
los cuerpos de luz, fotones impactando
en el cuerpo vivo de un animal que corre,
es la luz en la membrana,
es la piel que limita,
puente entre lo vivo y lo inerte
haciéndose movimiento.
Solo en lo fronterizo la vida emerge vida.

Correr, correr, correr.

Ser aún un hombre.

en el lugar del adiós
décimo diálogo

en el lugar del adiós
décimo diálogo
Encuentro con Ángel Moreno y Ángel Almansa
(párrocos de la iglesia de San Juan Bautista, Argamasilla de Alba)

"Así que no, no fue el mejor momento para asumir esta responsabilidad, pero a la vez, he visto muchas posibilidades, porque me obligaba a ser más creativo para no parar la vida de la Iglesia y me vi obligado a aprender a llegar a esas personas que perdieron a sus seres queridos por el Covid, que estaban heridas, con problemas de ánimo, de depresión. Los funerales, que se están celebrando tras un año de la muerte, me están permitiendo estar cerca de ellos. Se trata de acompañar a la gente, quererla y hacerles comprender que no están solas, ni por parte de la Iglesia, ni por parte de Dios. La fe y la compañía es un antídoto maravilloso. Para lo que pasa no hay una respuesta racional. ¿Qué puedes decirles? Por eso es importante que sepan que alguien camina con ellos, que lucha con ellos.

Lo sucedido nos ha hecho ser conscientes de que el ser humano no es omnipotente y todos los delirios de grandeza se nos vienen abajo. Eso es ponernos en la realidad. Por eso es importante la fe. No lo podemos todo, pero tenemos a alguien que nos empuja desde atrás, que es Dios. Esta consciencia de la necesidad de la fe, ya veremos, cuando regrese cierta normalidad, si se queda en simple intentona o puede dar frutos de profundidad en la gente. Ojalá".

en el lugar del adiós
décimo diálogo
VOZ UNA: ÁGATA NAVALÓN
VOZ DOS: RAFAEL FALCÓN

voz una

Llueve sobre los papeles de correos
desinfectándose en la caja.
30 horas.

Llueve sobre el hombre encerrado tras la ventana es-
cribiendo fichas que recogen datos,
en tarjetas blancas con interlineado 13pt.
Llueve sobre el móvil de pantalla
de vidrio templado de resistencia acuosa,
deseante de rezos.

Llueve sobre los muertos y sus tapas
sus tierras con sus hierbas
y las raíces crecientes.
Llueve paralelo y lateralmente,
salpicando a los dolientes invisibles
transportados en bicicletas
GAC.
Llueve sobre y dentro
de las botas blancas de las majorettes
de postales cavernícolas
rociadas de antipolillas y anti olvido.

Llueve y el agua no se estanca porque
se la tragan los hombres
que entierran con la pala
mientras ellas cuecen orejas
y huesos de rodillas rojas que se hinchan,
la verdura es importante
y el tiempo de cocción eterno.

Llueve sobre las piezas de lego,
las muñecas,
las facturas apiladas,
los condones del armario de la farmacia con puerta
abatible y batiente,
que solo se rinde con monedas.

Llueve sobre el *BOE*,
los noticiarios,
los listados de la compra,
las cartas de amor,
los bolis de punta fina,
la pluma ganada en el concurso de cuentos.

Llueve
la hipoteca también llueve cada mes y ese,
tu muerto, llueve sobre el tejado
porque lo recorre en las noches
para recordarte que sigues vivo y que llueve.

Llueve sobre esos besos mentidos,
mentolados, re-escritos.

¿Lo entiendes, tú, hombre que aún crees?
La lluvia no parará y lo borrará todo,
también esto.

Y en el cementerio no se oye más que el agua que
siempre vuelve.

voz dos

Mateo 22, 39

cómo preguntar por el vivir vivir
si parar la vida no se puede
o eso es lo que se dice
aquí el decir conteniendo el no parar
como formando parte de la naturaleza de las cosas
y el azaroso clinamen
desviaciones impredecibles del guion
y eso es lo terrible
la naturaleza y sus cosas
azar y necesidad
no pregunten más

pero hubo quienes
dada la magnitud de la fractura
quisieron preguntar a los expertos
y los expertos dictaron su informe
Mateo 22, 39
cuídese del prójimo como de sí mismo

así quedó declarado el estado de panteísmo digital
Dios quedó colgado del cielo
no aterriza absolutamente para nada
o casi
come bebe crece se reproduce
en el aire.

Y a veces va y llueve

(pero llover es verbo impersonal
aunque Dios puede sujetarlo)

llueve con voluntad
no para de hacerlo
aunque la tierra sigue agrietándose
llueve sin remedio
colgado del cielo

colgado del cielo
no deja de batir sus alas
ya hace tiempo superó la velocidad de fuga
y escapó de la órbita de nuestros cuerpos terrestres

si alguna de estas vidas suspendidas
pudiera poner fin a algo
si pudiera
cambiar apenas algo

pero parar la vida no se puede
y eso es lo terrible
no nos queda más
que mirar la lluvia
que nos atraviesa y nos erosiona

el párroco bajo la lluvia
el párroco solo bajo la lluvia
para no olvidar
que hay que estar entre el pueblo
y oler un poco a oveja
su cuerpo entero erosionado
de tanta lluvia sin remedio
declama su adiós a otro cuerpo
mudo aún caliente

ya no se acuerda de rezar
todos los rezos en la nube
alimentando la lluvia
que nos agota y nos ciega
cada cual conteniendo en sí mismo
la peste Mateo 22, 39
muere tú yo estoy a salvo
y sigue lloviendo

¿qué llueve?

llueve nuestro mirar la lluvia.

para saber que sigo vivo
undécimo diálogo

"Le tomo la mano a mi enfermo
para saber que sigo vivo".

ORLANDO MONDRAGÓN

para saber que sigo vivo
undécimo diálogo
ENCUENTRO CON CONCEPCIÓN PÉREZ
(PEDIATRA Y COORDINADORA DEL CENTRO DE SALUD DE ARGAMASILLA DE ALBA)
INMACULADA CANO, LUISA ORDÓÑEZ ARTEAGA, VICENTA LOMAS LOMAS,
MARCELINA HERNÁN LOMAS, JUANI ORDÓÑEZ ABELÁN, AMPARO CEJUDO
LOZANO Y ENEL VILSAINT
(EQUIPO MÉDICO, ENFERMERÍA Y LIMPIEZA DEL CENTRO DE SALUD
DE ARGAMASILLA DE ALBA)

"Me decía no hay que pensar, 'pa lante'".

"Mi hijo me dijo: 'madre, no te hagas la valiente'".

"Compañeros decían: '¡qué cuadros más raros, qué radiografías más raras!', y era que ya lo teníamos aquí... la evolución era lo que llamaba la atención... tenía una evolución diferente... ni sabes lo que tienes entre manos, no estas preparado para esa avalancha, que fue una avalancha... se quedó sin material... había mucha gente... menos personal con el miedo de cómo sabes cómo no cogerlo, de no saber diagnosticar, al principio era un desconocimiento tal... se ha dicho muchas veces, como en una guerra...".

"Hemos vuelto y hemos calculado el tiempo a ver si lo pillábamos...".

"La primera semana fue de mucho miedo, yo llegué y las compañeras que habían estado antes, porque fue cuando el Hospital pidió ayuda aquí a Argamasilla, yo me encontré a mis compañeras llorando... yo he visto a enfermeras llorando de impotencia... siempre hemos 'luchao' por cortar el foco en una llave de la luz, en un pomo...".

para saber que sigo vivo
undécimo diálogo
VOZ UNA: ÁGATA NAVALÓN
VOZ DOS: RAFAEL FALCÓN

voz una

Vivir con los ojos huecos y buscar el vestido gris en el armario, lana lincoln brillante.

Vivir con los ojos huecos y flaca, dormir sola también, cada noche cayendo abatida en la cama, como quien ha recorrido el mundo y sabe del beso redondo de una Navidad helada con licor de cereza y vino caliente y dientes sin cepillar.

Vivir con los ojos huecos tallados por cada mañana sin sentido conduciendo entre los campos vacíos y las carreteras, ríos de asfalto, tocadas por niebla y vírgenes de castillos en peñas, con escaladores furtivos y cazadores tirando a matar ciegos de ira, ciegos por el tenedor a la izquierda y la cuchara a la derecha, con su cuchillo, como el abuelo me explicaba, porque era salvaje y poco domesticada, porque olía a grasa de tractor y a casa de viuda, porque no sabía de la caldera de carbón negro y el agua caliente.

Así es la llegada.

Vivir recorriendo la calle larga y no estrecha con árboles en la vereda con su estación tapiada y sus vías arriba, colocadas como puente levadizo de castillo de niños.

Poner siempre una línea negra fina sobre los ojos huecos, simulando que hay un volumen y un párpado aún arriba, en postura de guerrero, perfecta, el rimmel asomado al balcón flexionando lo que sentimos, se debe flexionar un poco el cuerpo para esquivar las preguntas.

¿Qué vamos a hacer hoy?

Y los hombres en la puerta,
y las mujeres en la puerta,
y el silencio en la puerta,
y las mujeres que limpian y cuidan a sus madres en las tardes, madres con rodillas hinchadas, también en la puerta,
y el médico recién enviado en la puerta,
y algunos no están en la puerta, se quedaron en casa, lo sabes tú, que querrías quedarte en casa hoy, sí, pero quieres que tus ojos huecos puedan aún creer.

Y el sustituto del sustituto del otro sustituto está calculando el tiempo que le falta para caer. Ella mira la lumbrera y él también, calculan el tiempo de la caída, la acción de su peso y de una fuerza de rozamiento proporcional al cuadrado de la velocidad.
—No vais a morir.

Y llegaron ellas desde el Tártaro, con los bozales puestos sobre las pesadillas de la noches.
No hay pinchazos, no hay ácido hialurónico.
No hay posibilidad de ser acariciado.

Coger la esponja y empaparla en lejía, sin guantes, para sentir la piel quemarse y limpiar.
DE SIN FEC TAR

Cerrar los ojos.

Imaginar otra vida.

Abrir los ojos.

—Madre, no te hagas la valiente.

voz dos

LO RARO ES VIVIR

hermano
digo
madre
digo
sí
sobrino de
digo
mi padre era su hermano
sí
del poeta
sí
devoción le tenía
claro
fiebre
mucha fiebre
creía que se moría
él
yo no sé qué significa morir
tú tampoco por mucho que hagas
ejercicios de aritmética con tus muertos
yo no
tampoco tú
porque
sí
alguien murió
lejos
alguien murió entonces
murió ya

ahora
murió
todos mueren
claro
¿listos?
Ya
no están
quién sabe de ese viaje
claro
yo no
tampoco tú
quién con los vivos cuando dejan de serlo
solos todos
vivos y no vivos
la peste invisible creciendo en nuestro interior
en forma de tela de araña
pues eso
cuídese del prójimo
eso

algo que no cuadra (nos) desajusta
pero la mirada no alcanza
no encuentra foco punto de fuga
no
más raro es vivir
cierto
sentarse a oír la muerte
siéntate
escucha
eso es lo raro
tu hermano
muerto
tu madre
muerta

el sobrino de
muerto
lo raro es vivir
vivir y no romperse
esa es la perspectiva imposible
el poema apenas radiografía esa rareza
la de vivir
sentarse
escuchar la muerte
acaso
como escritura en los márgenes de dominicales
y documentos oficiales
dé cuenta de la magnitud del desierto y su ex-
pansión
de protocolos desprotocolizados
de escafandras que mutilan
nuestra condición de pieles deseantes
del don de la ubicuidad
de estas mujeres madres hijas
aunque apenas las intuimos
mapeamos sus movimientos
en estructuras geométricas no euclídeas
y seguimos sin saber nada de ellas
acaso eso
hasta ahí su poder
es todo

nada sabemos de la muerte
no
pero sí de su olor en avalancha
que se agarra como un angioma viscoso.

lo raro es vivir
sentarse a escuchar

seguir haciéndolo
se puede
al menos
aquí
enunciar esto
¿no?
lo raro es vivir

lo
raro
es
vivir

"—¿Y qué fue lo peor?

—Lo peor fue el no saber, eso era lo doloroso, el no saber".

voz una

Lo doloroso era no saber si la mirada caería,
como cae la crin del caballo
negro
al moverse el sol que hiere,
como cae la cabeza
frágil
sobre la palma del que te ama, dice que te ama.

Lo doloroso era no saber la cronología no completa,
de los hechos conjugados en tu idioma,
correctamente proyectada la voz,
con subtítulos en led.

Lo doloroso era no saber del líquido
sobre la piel escocida
sin cloro,
y agarrarse a un pueblo vaciado,
sumergido,
con habitantes escondidos en la ubicaciones
                                [correspondientes,
pegadas a las comandas,
de los sermones y plegarias
de la pantalla frontal transparente.

Lo doloroso era no saber llorar,
encerrada
sola,
entre la puerta 5 y la niña,
sin guías entre el hueso en el cuello,
el propio, el entregado

,y el de los esqueletos empañando el vaho
                    [de la ventana con su carne.

Lo doloroso era no saber
si regresar.
Y salir el agua turbia
de los grifos y las cañerías sin plomo.

Lo doloroso era no saber,
el no saber.

epílogo

epílogo
VOZ DOS: RAFAEL FALCÓN
VOZ UNA: ÁGATA NAVALÓN

voz dos

Alguien llama a alguien.
Otro alguien.
Una vez, otra vez, otra.
Deja que suene el pitido
intermitente de la llamada.
Línea, silencio, línea,
como un fragmento en código Morse
a la espera de traducción.
Alguien sabe que no habrá respuesta
más allá de este parpadeo sonoro,
pero en cada pausa imagina
su nombre, lo sostiene,
se dibuja el encuentro.
Y vuelve a marcar.
También aquí, en estos silencios,
badenes en la noche,
se puede hacer el amor
o abismarse.
Ahora es esto estar vivo.
Silencio, línea, silencio.
Alguien llama a alguien.
Otro alguien.

voz una

Llego viva
comiendo vida, tragando vida en la sequía,
en la isla sin tejer vida,
sin ser ninfa licuando vida,
entre conchas de mar pegadas
con cola asomándose a los campos arenosos,
con pozos,
con un cronómetro,
con un medidor.
Se rompen los ríos.
Se parte la tierra.
Se agujerea una botella.
Se han hecho pedazos
las arrugas canosas de la botella,
destilando negro,
escalando en los poros de una piel
con sangre,
que es sol mostrando el rubor por la vida.
Vida sobre vida luchando por aún ser
vida.

Vida
hasta el final.

Índice

El presente libro aparece
con el número 112 de la
Colección Literaria *Ojo
de Pez*, creada en 1988
por José Luis Loarce. Esta
pimera edición consta de
mil ejemplares. Pertenece
a la Biblioteca de Autores
Manchegos de la Dipu-
tación de Ciudad Real.